# Disney
# DIE
# EISKÖNIGIN II

## Annette Neubauer

# Der verzauberte Wald

Ravensburger

Bibliografische Information der Deutschen Nationalbibliothek:

Die Deutsche Nationalbibliothek verzeichnet diese Publikation
in der Deutschen Nationalbibliografie.
Detaillierte bibliografische Daten sind im Internet
über http://dnb.d-nb.de abrufbar.

1 3 5 4 2

© 2020 Ravensburger Verlag GmbH
© 2020 Disney

Text in Einfacher Sprache: Yvette Wagner
Alle Rechte vorbehalten durch Ravensburger Verlag GmbH
Postfach 24 60, 88194 Ravensburg

Printed in Germany
ISBN 978-3-473-49186-5
www.ravensburger.de

# Inhalt

Keine Angst vor schwierigen Wörtern! Sie werden dir auf S. 60 erklärt.

leichter lesen

## Geschichten aus der Vergangenheit

Als Anna und Elsa Kinder waren, erzählte ihr Vater von einem verzauberten Wald. Dort lebte das Volk der Northuldra. Magische Geister haben diesen Wald beschützt.
Die Northuldras und die Bewohner aus Arendelle waren Freunde.
Der Großvater von Anna und Elsa war damals König von Arendelle. Er baute für die Northuldras einen Stau·damm.

Dieser Staudamm sollte ein Geschenk sein und ein Zeichen von Freundschaft.
Eines Tages wollten beide Völker gemeinsam feiern. Doch statt zu feiern, kämpften sie plötzlich gegen·einander. In der Schlacht starb der Großvater.

Seit der Schlacht ist der
verzauberte Wald von Nebel
umgeben. Niemand kommt
durch den Nebel.

Keiner kann in den Wald hinein
oder heraus.
Die Mutter von Anna und Elsa
sang oft ein Lied vom Fluss
Ahtohallan. Er liegt weit
im Norden. Der Fluss kennt
Antworten auf alle Fragen.
Doch wer zu tief in den Fluss
taucht, kommt nie mehr zurück.

Das war vor vielen Jahren. Die
Eltern von Anna und Elsa sind
bei einem Schiffs·unglück
gestorben. Dann wurde Elsa
Königin von Arendelle.

## Die Stimme ruft

Elsa ist sehr glücklich in Arendelle. Doch sie hört eine geheimnis·volle Stimme. Sie zieht Elsa zu sich.
In einer Nacht folgt Elsa der Stimme und geht nach draußen. Ihre Zauber·kräfte werden stärker. Sie erschafft ganz neue Bilder aus Schnee und kleine Eis·kristalle. Die Eiskristalle stehen für die vier Natur·elemente Erde, Feuer, Wind und Wasser.

Plötzlich erscheint ein buntes Licht am Himmel. Die Kristalle fallen auf den Boden. In diesem Moment verändert sich Arendelle. Das Wasser fließt nicht mehr. Das Feuer geht aus. Der Boden bewegt sich und es gibt Sturm.

Die Menschen laufen aus den Häusern. Sie rennen hinauf auf einen Felsen. Hier sind sie sicher.

Als alle gerettet sind, erzählt Elsa ihrer Schwester von der Stimme.

Da kommen die Trolle!

Der älteste Troll sagt zu Elsa:

„Die Vergangenheit ist anders,
als du denkst. Du musst die
Wahrheit finden."

Elsa weiß, dass sie weit im
Norden die Wahrheit finden
kann.

Gemeinsam mit ihren Freunden
bricht Elsa auf.

Bald kommen sie zu einer
Wand aus Nebel. Hinter dem
Nebel liegt der verzauberte
Wald. Elsa kann mit ihrer Magie
die Nebel·wand öffnen.

# Im verzauberten Wald

Hinter der Nebelwand
entdecken die Freunde vier
Stein·säulen. Die Steinsäulen
tragen Zeichen für Erde,
Wasser, Feuer und Wind.
Die Freunde staunen, wie
schön der verzauberte Wald ist.

Anna entdeckt einen
Staudamm. Es ist der
Staudamm, den ihr Großvater
gebaut hat.

Da kommt der Wind·geist. Erst
spielt er mit Olaf. Dann wird
der Wind zum Wirbel·sturm und
reißt die Freunde mit.

Elsa kämpft mit dem Windgeist.
Aus ihren Händen schießen
starke Strahlen
aus Eis.

Nach einer Weile gibt der
Windgeist auf und die Strahlen
verwandeln sich in Eis·figuren.
Jede Figur stellt einen Moment
aus der Vergangenheit dar.

Eine Figur zeigt Elsas Vater,
als er noch ein Kind war.
Ein Mädchen
hält ihn in
den Armen.

Plötzlich werden die Freunde
umringt. Es sind Northuldras
und Soldaten aus Arendelle.
Beide Völker sind immer noch
Feinde und streiten schon
wieder.

Als sie Elsa und ihre Freunde
angreifen wollen, setzt Elsa
ihre Magie ein. Die Northuldras
und die Soldaten staunen!
Anna erkennt den Anführer der
Soldaten. Es ist Mattias. Er war
der Leutnant des Vaters.

## Das fünfte Element

Auf einmal brennen die Bäume.
Der Feuer·geist ist in der Nähe!
Elsa kann mit ihrer Magie die
Flammen löschen und den
Feuergeist beruhigen.
Es ist ein Salamander.

Dann legt Elsa ein Tuch um
Annas Schultern, um sie zu
wärmen. Es ist das Tuch ihrer
Mutter.
Die Northuldras erkennen
das Tuch sofort. Es gehörte
einer Familie aus ihrem Volk.

Das gleiche Tuch trägt auch
die Eisfigur, die Elsa erschaffen
hat. Es ist das Mädchen, das
ihren Vater in den Armen hält.
Jetzt wissen Elsa und Anna,
dass ihre Mutter eine
Northuldra war und ihren Vater
gerettet hat.

Elsa erfährt von den Northuldras, dass das Muster auf dem Tuch die vier Naturelemente zeigt – und ein fünftes Element. Die Northuldras nennen das fünfte Element die Brücke. Es verbindet die Natur mit den Menschen.

Aber wenn die Menschen der Natur nicht mehr zuhören, löst sich das fünfte Element auf. Bei der Schlacht hat das fünfte Element geschrien. Seitdem ist der Wald von Nebel umgeben. Da beginnt der Boden zu beben. Die Erd·riesen kommen!

Sie spüren Elsas Magie und kommen auf sie zu. Alle verstecken sich und haben Glück: Die Erdriesen laufen vorbei.

## Auf in den Norden

Elsa will sofort weiter nach
Norden. Sie geht mit Anna und
Olaf los. Kristoff und Sven
bleiben im verzauberten Wald.
Schon bald entdecken Elsa und
Anna ein kaputtes Schiff. Es ist
das Schiff ihrer Eltern!
Anna findet im Schiff
eine Karte. Sie zeigt den Weg
zum Fluss Ahtohallan.
Anna flüstert: „Unsere Eltern
wollten das Dunkel·meer
durch·queren und Ahtohallan

finden. Sie wollten wissen,
woher du deine Zauberkräfte
hast."

Jetzt muss Elsa selbst zu
Ahtohallan, um Antworten auf
alle Fragen zu finden. Nur so
kann sie Arendelle retten und
den Wald vom Nebel befreien.

Doch dabei will sie Anna und Olaf nicht in Gefahr bringen. Elsa will allein gehen. Sie zaubert schnell ein Boot aus Eis.

Mit dem Boot rutschen Anna
und Olaf einfach weg und
landen in einem Fluss.
Beide sind wütend auf Elsa,
weil sie sie weg·geschickt hat.
Plötzlich stürzen sie einen
Wasser·fall hinunter.

# Elsa verwandelt sich

Elsa muss das Dunkelmeer überqueren. Sie zaubert Eis unter ihre Füße. So kann sie über das Wasser laufen.
Aber die Wellen sind zu stark. Sie versucht es noch einmal. Aber Elsa fällt wieder ins Wasser. Dort sieht sie ein Pferd. Es ist der Wasser·geist! Er schleudert Elsa herum. Doch sie schafft es, das Pferd zu zähmen. Auf ihm reitet sie übers Meer.

Dann sieht Elsa eine Insel. Sie
ist mit Eis bedeckt. Jetzt wird
ihr klar: Ahtohallan ist kein
Fluss aus Wasser. Er ist ein
Fluss aus Eis – ein Gletscher.
Elsa erreicht Ahtohallan und
folgt der Stimme.

Die Stimme zieht Elsa immer tiefer in den Gletscher. Elsa hat keine Angst mehr und fühlt sich hier wie zu Hause. Jetzt ist die Stimme ganz nah und antwortet ihr.

Um Elsa herum erscheinen lebendige Bilder aus der Vergangenheit – auch ihre Mutter. Sie lächelt Elsa an. Jetzt versteht Elsa alles: Ihre Mutter hat sie nach Ahtohallan gerufen.

Hier soll Elsa endlich zu dem werden, was sie wirklich ist.

Elsa ist bereit.

Auf dem Boden leuchtet
ein Eiskristall auf.

Elsa tritt mitten in den
Eiskristall und verwandelt sich.

Plötzlich trägt sie ein weißes
Kleid mit einem silbernen
Umhang. Die Zeichen für
die Naturelemente legen sich
auf das Kleid.

Elsa ist jetzt das fünfte Element
und verbindet die Natur·geister
mit·einander.

## Der Sprung in die Tiefe

Aufgeregt geht Elsa weiter. Nun
sieht Elsa Erinnerungen aus
Eis.

Sie sieht sich selbst als Kind.
Sie entdeckt Olaf und Anna.
Sie schaut zu, wie ihre Mutter
ihren Vater in der Schlacht
rettet. Da ist auch die Figur
ihres Großvaters!
Elsa erfährt, dass ihr Großvater
die Northuldras belogen hat.

Der Staudamm war kein
Geschenk. Durch den
Staudamm hat der Großvater
den Northuldras das Wasser
weg·genommen.

Die Felder sind vertrocknet.
Damit hat Arendelle große
Schuld auf sich geladen.

Die Figur verschwindet in einem Abgrund. Soll Elsa ihr folgen? Sie erinnert sich, dass ihre Mutter sie gewarnt hat: Wer zu weit in Ahtohallan eintaucht, kehrt nie zurück. Aber Elsa will wissen, wieso es zur Schlacht kam.

Sie springt in die Tiefe. Hier unten erkennt sie die Wahrheit. Aber Elsa ist zu weit gegangen. Sie verwandelt sich zu Eis. Mit letzter Kraft schickt sie Anna eine Nachricht.

# Eine Nachricht von Elsa

Anna und Olaf sind den
Wasserfall hinab·gestürzt und
in einer Höhle gelandet. Da
wehen Schnee·flocken auf sie
zu. Sie werden zu einer
Eisfigur. Das ist eine Nachricht
von Elsa!
Die Eisfigur ist der Großvater.
Er hat ein Schwert in der
Hand und will den Anführer
der Northuldras töten. Anna
begreift, dass sie nun
die Wahrheit gesehen hat.

Ihr Großvater hatte Angst vor den magischen Kräften der Northuldras. Deshalb wollte er sie vernichten.

Mit der Schlacht hatte er die
Naturgeister wütend gemacht.
Deshalb hüllten sie den Wald in
Nebel.
Anna will den Fehler ihres
Großvaters wieder·gut·machen!
Plötzlich geht es Olaf nicht gut.
Der Schnee·mann löst sich auf.
Anna erkennt, dass Elsas
Magie Olaf nicht mehr lebendig
hält.
Elsa ist in Gefahr!
Anna nimmt Olaf in den Arm,
bis er sich ganz in
Schneeflocken aufgelöst hat.

Sie fühlt sich allein und ist
traurig. Wie soll es weiter·gehen?
Doch dann steht sie auf. Sie
muss stark sein!

## Die Erdriesen wachen auf

Anna will den Staudamm
zerstören. Nur so kann das
Wasser wieder fließen. Aber
wenn der Staudamm bricht,
wird Arendelle überflutet. Sie
erkennt, dass die Naturgeister
die Bewohner von Arendelle
schützen wollen. Deshalb
haben sie die Bewohner aus
Arendelle getrieben.
Anna weckt die Erdriesen,
die am Fluss schlafen. Die
Erdriesen werden wütend und

verfolgen Anna. Sie rennt und
rennt. Anna will die Erdriesen
zum Staudamm führen.
Kristoff und Sven kommen ihr
zu Hilfe. Kristoff zieht Anna auf
Svens Rücken und sie reiten
schnell zum Staudamm.

Die Erdriesen werfen mit riesigen Steinen. Anna läuft in die Mitte des Staudamms,

damit die Erdriesen die Steine dorthin schleudern. Annas Plan klappt: Die Steine treffen den Staudamm und er bricht ein. Jetzt muss sie schnell runter vom Staudamm!

Im letzten Moment springt sie zum Ufer. Aber sie schafft es nicht ganz. Leutnant Mattias und Kristoff fassen ihre Hände und ziehen sie hoch. Anna ist in Sicherheit! Unter ihr fließen Wasser·massen auf Arendelle zu.

Anna macht die Fehler
der Vergangenheit wieder gut.
Das verändert etwas in
Ahtohallan. Elsa erwacht
wieder zum Leben. Auf dem
Wassergeist reitet sie nach
Arendelle. Sie muss schneller
sein als das Wasser, das
Arendelle überfluten wird! Eine
riesige Welle strömt auf
Arendelle zu. In letzter
Sekunde stellt sich Elsa vor die
Welle und zaubert eine Wand
aus Eis.
Sie hat Arendelle gerettet!

Im selben Moment verschwindet
der Nebel rund um den Wald. Die
Northuldras können den Himmel
wieder sehen.

Anna ist mit Kristoff im verzauberten Wald. Da entdeckt sie Elsa. Sie reitet auf dem Wassergeist zu ihr. Die Schwestern umarmen sich. Elsa sagt: „Du hast mich gerettet. Du hast alle gerettet." Anna fragt: „Du bist die Brücke?" Elsa nickt. Anna stellt fest: „Dann bist du auch das fünfte Element." Elsa schnippt mit den Fingern und erschafft einen kleinen Schneemann. Olaf ist wieder da!

Kristoff kniet sich vor Anna und zieht einen Ring hervor. Er fragt Anna endlich: „Möchtest du mich heiraten?"

Anna antwortet: „Ja, das will ich."

## Zurück in Arendelle

Elsa ist das fünfte Element und gehört nun zu den anderen Naturgeistern im Wald. Deshalb wird Anna neue Königin von Arendelle.

Anna enthüllt mit Leutnant Mattias ein Denkmal in Arendelle.

Es zeigt die Eltern von Elsa und Anna als Kinder. Damals waren die Bewohner von Arendelle und die Northuldras Freunde. Das Denkmal soll immer daran erinnern, dass beide Völker durch Liebe verbunden sind. Anna gibt dem Windgeist eine Nachricht für Elsa mit. Er trägt den Vogel aus Papier zum Wald, wo ihn Elsa schnappt. Sie liest: „Spiele·abend am Freitag. Sei pünktlich! Allen geht es gut. Kümmere du dich um den Wald. Ich hab dich lieb."

Elsa flüstert: „Ich hab dich auch lieb!"

Auch wenn die Schwestern nicht mehr zusammen·leben, sind sie sich sehr nah.

Auf dem Wassergeist reitet Elsa los. Sie fühlt sich frei und leicht. Vor ihr liegt Arendelle.

**Northuldra**   sprich: Nor·ful·dra
ein Volk, das im Wald lebt

**Arendelle**   sprich: A·ren·dell

**Staudamm**
eine große Mauer; staut einen Fluss zu
einem See auf

**Schlacht**   ein großer Kampf

**Ahtohallan**   sprich: A·to·hal·lan

**Wirbelsturm**   ein besonders starker
Wind, der schnell um eine Achse kreist

**Leutnant**   sprich: Leut·nant
gibt anderen Soldaten Befehle

**Salamander**   sprich: Sa·la·man·der
kleines Tier mit kurzen Beinen und langem
Schwanz

**durchqueren**
sich durch etwas hindurch bewegen

**Wassermassen**   sehr viel Wasser